SUITE

DES

TRENTE PREMIÈRES ANNÉES

DE LA

VIE D'HENRI V

LE BIEN-AIMÉ,

ROI DE FRANCE ET DE NAVARRE,

CI-DEVANT DUC DE BORDEAUX.

PARIS,

J. G. DENTU, IMPRIMEUR-LIBRAIRE,
rue des Petits-Augustins (ancien hôtel de Persan), n° 5.

DÉCEMBRE 1820.

*J'ai acheté le manuscrit, je l'ai fait imprimer
à mon compte, j'ai rempli les formalités voulues par
la loi, et je poursuivrai tout contrefacteur du présent
qui ne sera pas revêtu de ma signature.*

SUITE DU RÉCIT

FAIT PAR UN OCTOGÉNAIRE,

EN 1857.

L'OCTOGÉNAIRE.

C'est donc demain, mon fils, que tu nous quittes pour aller à Thionville joindre ton régiment; permets-moi de te donner quelques conseils. Tu vas être abandonné à toi-même; tu n'auras plus personne auprès de toi qui puisse te faire éviter les écueils de la vie. Que je serais heureux si tu voulais suivre mes avis!

On demandait au général Trivulce ce qu'il fallait pour faire la guerre : « Trois choses, répondit-il : de l'argent, de l'argent et de l'argent. » Si on me demandait ce qu'il faut pour être heureux dans toutes les positions où l'on se trouve, je répondrais : La morale, la morale et la morale. Beaucoup de monde ne serait pas de mon avis. Regardez, me dirait-on, ces hommes qui ont hérité des forfaits de la révolution, voyez s'ils étaient malheureux en 1820. Oui, ils étaient malheureux; gorgés de biens, il est vrai, mais haïs, détestés et méprisés ; ils maudissent bien souvent leurs destinées. Si on avait demandé à Cambacérès les quatre cinquièmes de sa fortune pour n'avoir pas voté la mort du Roi, et redevenir un simple avocat, je ne doute pas qu'il n'eût fait l'échange. N'envie jamais des biens acquis aux dépens de l'honneur.

Ne fais jamais seul ce que tu rougirais de faire devant les autres ; honore la vieillesse et respecte les femmes.

Des jeunes officiers quittent leur famille pour entrer dans un régiment ; ils croient suppléer à l'expérience, aux années de service qui leur manquent, en affectant des goûts tout à fait militaires, que nous appelons dans le monde *les vices du métier*. Que je les plains de croire qu'on ne peut être bon militaire qu'en jurant, buvant et fumant ! Tourville passait pour l'homme le plus intrépide de son temps, et pour le seigneur le plus poli de la cour ; des manières aisées et distinguées faisaient valoir encore plus son beau physique. Sobre, détestant les habitudes militaires, c'était un lion devant l'ennemi.

Traite le soldat avec bonté, mais sans familiarité ; il méprise autant celui qui ne tient pas son rang que celui qui affecte une sotte fierté. Ne te sers jamais, en lui parlant, de ces mots qui blessent, que tu ne dirais pas impunément si ce soldat avait des épaulettes : il y a lâcheté à le rudoyer.

Conserve long-temps cette aimable pudeur, qui

est le plus bel ornement de ton âge. Reste inébran-
lable dans la résolution que tu as prise de ne pas
jouer; tu seras estimable aux yeux de tout le monde,
aux yeux même de ceux qui te presseront. Je te re-
commande surtout la sobriété, elle seule nous fait
jouir de toutes les facultés de notre âme. Sans af-
fecter l'esprit religieux, conserve-le toujours en toi-
même; c'est un trésor qu'il ne faut pas laisser trop
voir; la vue en ferait rougir trop de monde. Remplis
ces sortes de devoir en silence : les belles actions ne
se publient pas. Si tu entends dire que l'on ne peut
pas être religieux et courageux à la fois, cite saint
Louis, dont l'intrépidité passait en proverbe.

De mon temps, les officiers se mêlaient de politi-
quer; eh, comment politiquaient-ils! Si cette folie
prenait les camarades, dis-leur que ta politique se
borne à savoir si le Roi se porte bien; et si ce Roi
était insulté en ta présence, ce que je ne crois pas,
regarde ton épée, elle te dira ce que tu as à faire;
dans une si noble cause, la défaite ou la victoire ne
peut être que glorieuse. Songe toujours que le sang
des amis des Bourbons coule dans tes veines.

Ne vas pas croire que les conseils que je te donne
doivent t'éloigner des plaisirs de ton âge; amuse-toi,
fais briller les avantages dont t'a doué la nature; il
faut qu'un officier français soit aussi bien dans un
salon qu'à la tête d'un escadron.

Sous Louis XIV et Louis XV, nos officiers ser-
vaient de modèles aux autres nations par leur bra-

voure et leur urbanité. La révolution vint, la bra-
voure resta, mais la rudesse prit la place de la poli-
tesse exquise. Comme la nouvelle puissance voulait
dénaturer toute chose, elle chercha à persuader que
le courage ne pouvait s'allier à des formes agréables;
tout souvenir était perdu; il semblait que les vic-
toires de Fontenoy et de Lawfeld n'avaient jamais
existé. Les Bourbons revinrent, et, avec eux, tout
ce qui avait fait la gloire de nos pères. Mais il
fallut quelque temps pour bien policer l'armée; les
femmes consommèrent ce grand œuvre.

ALPHONSE.

J'ai écouté, avec la plus grande attention, les
leçons que vous avez bien voulu me donner; je les
suivrai; je me croirai meilleur toutes les fois que
j'aurai évité un écueil par vous signalé. Mais j'ai
une prière à vous faire; ce que vous m'avez raconté
hier m'a d'autant plus intéressé, que la gravité de
l'histoire empêche que de pareils détails soient con-
signés dans ses livres; je désirerais que vous reve-
niez sur quelques points que vous n'avez fait qu'ef-
fleurer.

L'OCTOGÉNAIRE.

Bien volontiers; les détails que je t'ai donnés
sont futiles peut-être, mais font connaître l'esprit
du temps et du moment même.

ALPHONSE.

Comment se fait-il que l'on trouva le moyen de tromper le peuple sur le compte de Louis XVI, qui commença son règne par faire des améliorations dans toutes les branches de l'administration?

L'OCTOGÉNAIRE.

Ce que tu dis là est bien pensé, annonce un esprit observateur. Les Français étaient las d'être heureux ; ils ne connaissaient pas l'infortune ; les trente dernières années du règne de Louis XV s'étaient passées dans des triomphes ou dans le calme le plus parfait. Le peuple de Paris, toujours désireux de nouveauté, croyait qu'il y avait, au-delà de l'état de félicité dans lequel il était, un ordre de choses bien préférable; il s'agita, parvint à cet ordre de choses, et ne connut avec lui que la misère et le malheur. Les agitateurs de 89 lui disaient, pour le faire soulever : « N'êtes-vous pas trop heureux de manger le pain à trois sous la livre ? » Six mois après il n'en avait pas un morceau. Un jour que depuis quatre heures je faisais queue à la porte d'un boulanger pour avoir ma ration, j'entends, dans la maison voisine, des chants et des cliquetis de verres ; ces chants ne firent qu'irriter mon appétit. Je sus, une heure après, que c'était l'orgie de plusieurs membres de l'Assemblée nationale, et que l'un d'eux, Mirabeau, nous voyant pressés auprès du boulanger, se prit à rire de pitié, et dit : « Cette canaille méritait bien de nous avoir pour législateurs. » Ces prétendus amis de la patrie avaient pris pour principe de faire tout par le peuple et rien pour le peuple. Louis XVI différait bien d'eux. Qui pourrait peindre sa tendre sollicitude pour ce peuple, compter les bienfaits qu'il répandit ! Dans le cruel hiver de 89, ce prince fit allumer des grands feux dans tous les carrefours de Paris, pour que les pauvres pussent se chauffer. La cour avait adopté des traîneaux pour voitures, et déployait un grand luxe dans cette mode. « Voilà mes traîneaux, » dit le Roi aux seigneurs qui l'entouraient, en leur montrant des charretées de bois qu'il envoyait dans les faubourgs.

Au milieu des grandes horreurs de la révolution, ce qui m'étonna le plus, ce fut l'ordre avec lequel on procédait à tous les excès ; on dressait un procès-verbal de tous les évènemens terribles. A la fin de 1793, je fus à Saint-Denis voir l'exhumation de nos Rois ; j'étais jeune, et affamé de voir. La moitié de Paris y était ; on allait là comme à un but de promenade. Je ne pourrais te décrire cette scène : des rois, des héros arrachés de leur sépulture, et jetés pêle-mêle dans une fosse commune. Je m'approchai du bord, et contemplai ces siècles entassés. Le corps de Turenne était bien conservé ; l'infâme Camille-Desmoulins lui coupa le petit doigt. On se pressait autour d'Henri IV, qui avait conservé toute ses formes et une figure imposante ; il était debout, sur une grosse pierre, adossé à un pilier ; une femme lui reprocha d'avoir été roi, et lui donna un coup qui le fit tomber. Un soldat le releva, coupa une mèche de la barbe du grand béarnais, et en fit des moustaches en disant : « Je ne craindrai pas d'aller au feu avec ces moustaches. » Cette profanation des tombeaux, qui n'a pas d'exemple dans aucune histoire, fut légalisée en quelque sorte par un procès-verbal que dressèrent les autorités de Saint-Denis ; on y consigna tous les discours, les réprimandes que ces magistrats adressaient aux rois morts, réprimandes qui furent le côté plaisant de la chose : car en France il n'y a pas un évènement, quelqu'épouvantable qu'il paraisse, qui n'ait son plaisant côté. Je ne finirai de te parler de ces temps barbares, qu'en te contant le mot d'une femme qui venait d'apprendre la mort de Malesherbes : « Ce monsieur de Malesherbes était un honnête homme ; on ne pouvait lui reprocher que d'avoir défendu ce pauvre tyran. » Je crois que ce mot mérite d'être conservé ; il caractérise admirablement l'esprit du peuple dans la révolution (1).

ALPHONSE.

Vous m'avez dit, avec un peu trop de rapidité,

____

(1) Michaud, note du *Printemps d'un proscrit*.

comment Buonaparte arriva à la suprême puissance.

L'OCTOGÉNAIRE.

A son retour de sa belle campagne d'Italie, Buonaparte voyait tous les jours s'augmenter son pouvoir; mais rien n'était assez mûr en France pour satisfaire son ambition; il croyait n'avoir pas assez de gloire : il voulut frapper, par quelque chose d'extraordinaire, l'imagination des Français, avec laquelle on fait tout : il entreprit l'expédition d'Egypte. La bataille des Pyramides vengea la défaite de Manssourah; il revint par miracle, et trouva la France gouvernée par une pentarchie faible et avilie; il s'empara, par le fait, du pouvoir, mais il y avait encore un échelon plus élevé; il interrogea les révolutionnaires : ces hommes dissolus, chargés de crimes, ne pouvaient souffrir un usurpateur qui ne fût pas souillé comme eux; ils avait renversé le trône dans le sang royal; ils consentaient bien à le relever pour un soldat qui les avait vaincus, mais ils voulaient que les fondemens fussent couverts du sang royal; le soldat le répandit; on le couronna : tu connais la fin déplorable du duc d'Enghien. Associés désormais par le crime, ces fiers républicains firent à l'envi un échange de servitude, d'adulation et de bassesse, contre des honneurs, de l'argent et des titres.

ALPHONSE.

Je n'ai jamais pu comprendre comment Buonaparte arriva si facilement à Paris au 20 mars.

L'OCTOGÉNAIRE.

Tout le monde en fut étonné comme toi. La composition du ministère d'alors justifia ce qu'un auteur moderne avait dit : « Lorsque des troubles s'élèvent, la pusillanimité des hommes en place double la force des factieux. » Huit jours avant l'arrivée de Buonaparte, on nomma au ministère de la guerre le duc de Feltre ; à la police, M. de Bourrienne, le même qui, pour servir la monarchie, prit de force les postes en 1814. Ces deux hommes eurent le courage d'accepter, quoique l'ennemi fût à Lyon. Les mesures vigoureuses qu'ils prirent firent voir, mais trop tard, que la chose publique aurait été sauvée si on les eût placés là un mois plus tôt. A quoi tiennent les destinées des empires !

ALPHONSE.

Avez-vous connu le duc de Berrry ?

L'OCTOGÉNAIRE.

--Je le voyais souvent ; il me fit quelquefois l'honneur de me parler ; c'était un prince fait pour donner de l'éclat à une race, vif, brave, libéral et populaire. Comme il était appelé à perpétuer la famille des Bourbons, c'était contre lui que les ennemis de cette maison dirigeaient tous leurs coups. Ne sachant que lui reprocher, ils parlaient sans cesse de sa vivacité, qu'ils appelaient emportement; ils cachaient avec soin qu'il faisait suivre de bienfaits les mouvemens de sa brusquerie. Ce ne fut qu'après sa mort que l'on connut sa belle âme; il avait su imprimer la fermeté de son caractère à celle qui s'était unie à lui; le courage, la noble résignation que cette princesse fit paraître dans son malheur, lui gagnèrent tous les cœurs : elle devint un objet de vénération pour toute la France. L'infâme Louvel était un homme de la plus basse classe ; faible et féroce à la fois, il marcha au supplice avec une fermeté stupide. Je voudrais que l'on déployât, à la mort d'un grand coupable, un appareil propre à frapper d'une terreur salutaire le peuple, toujours avide de pareils spectacles. Ne devrait-on pas mettre une différence entre le supplice d'un scélérat qui met toute une nation en deuil, et celui d'un malheureux qui demande du pain à un passant le pistolet à la main, et le tue, poussé au désespoir par une résistance imprudente ?

Il fut décidé que l'Opéra, où avait été assassiné le duc de Berry, serait démoli, et qu'une nouvelle salle serait bâtie : elle fut achevée en 1821; l'affluence fut si grande le jour de l'ouverture, qu'il arriva un grand nombre d'accidens; un plancher s'écroula , et écrasa plusieurs personnes ; le prince de Masserano , seigneur espagnol qui allait partout avec des bottes à l'écuyère montant jusqu'à la ceinture ; resta long-temps suspendu à cheval sur une poutre. M. de Lameth , député , se trouva pris entre deux portes, et fut aplati comme une morue. C'était le frère de celui qui fit le siége du couvent des Annonciades en 1789, et se rendit maître de la place, sans perdre un seul homme. Le commerce, mort en France depuis long-temps , reprit en 1820, mais avec lui naquit la manie des associations , des entreprises financières ; c'était une fureur ; des hommes raisonnables jouaient à la fortune comme des enfans jouent à la chapelle : on n'entendait parler que d'assurances de toute espèce, de caisses d'épargnes ; elles disparaissaient aussitôt qu'elles étaient établies. La seule institution financière qui réussit , dont les résultats font encore aujourd'hui l'admiration générale , fut la banque foncière ; le projet en fut conçu par M. Harel-la-Vertu, l'élève et l'ami de M. de Calonne , ce vieillard joyeux qui prend tant de tabac, chez qui je t'ai conduit la semaine passée, à ce beau château près Beaugency ; il consacre sa grande fortune à soulager les malheureux; il a donné un asile honorable à quinze vieux chevaliers de Saint-Louis, qui n'ont, pour exister, qu'une petite pension. Je t'ai déjà dit que les élections de 1820 avaient été excellentes ; mais quoique le parti monarchique fût en grande majorité, ce-

pendant les efforts des amis du trône furent para-
lysés quelque temps par une partie du ministère,
qui n'avait pas voulu abandonner le funeste système
de M. Decazes; mais le Roi se montra ferme , et le
nuage se dissipa.

Le gouvernement représentatif, comme ouvrage
des hommes, a ses beaux et ses mauvais côtés. La
représentation nationale nous tenait alors en haleine
pendant toute l'année; six mois se passaient à entendre les discussions souvent indiscrètes de la Chambre
des députés; six mois étaient consacrés à se préparer
à ce que l'on appelait *la bataille des élections;* lorsqu'on en venait là, le royaume était dans la plus
grande fermentation; les intrigues les plus basses
étaient mises en œuvre; il n'y avait pas de moyens
que n'employassent les prétendans à la candidature.
Je ne t'en citerai qu'un trait.

Un M. Etienne, qui s'était fait une espèce de ré-
putation littéraire, en refaisant des pièces, avait été
élu député en 1820, par le département de la Meuse;
il était sortant en 1823. Lors des élections, il fut à
Bar-sur-Ornain réchauffer le zèle de ses amis, afin
d'être réélu. Il arrive dans cette ville en même temps
qu'un aréonaute fameux, lequel annonce une expérience. Le jour convenu, toute la population va voir
un spectacle nouveau pour elle. Etienne s'y rend
aussi, et se place avec ses amis bien près de l'aréos-
tat. L'expérience commence; le balon est enflé, et
prêt à s'enlever; l'aréonaute propose de prendre

quelqu'un avec lui. Etienne, poussé par ce premier mouvement qui fait faire tant de sottises aux uns et tant de belles actions aux autres, accepte, espérant frapper l'esprit des électeurs par ce trait de courage. Il monte dans la nacelle, et s'enlève dans les airs aux applaudissemens des spectateurs. Il disparaît bientôt à leur vue ; mais la nacelle se détache, et le malheureux Etienne *Icare* vient tomber sans vie au milieu de la grande route de Nanci, sur la voiture d'un milord, qui fut à moitié étouffé. L'original d'Anglais ne se croyant pas en sûreté dans un pays où il pleuvait des hommes, se hâta de quitter la France, quoiqu'on lui assurât qu'une pareille pluie n'y était pas commune.

La morale religieuse, la consolatrice des humains, n'existait plus ; les excès, les vices n'avaient plus de frein ; on auraitt cru que l'édifice social allait s'écrouler ; on n'entendait parler que d'assassinats, de suicides. Ce dernier crime surtout devint si fréquent, que l'autorité, effrayée, fit promulguer les anciennes lois, et annonça que la personne suicidée, arrachée à la mort, serait, si elle était riche, condamnée à une amende considérable, et, dans tous les cas, renfermée le restant de la vie dans un sac de cuir. Pourrais-tu croire qu'un sujet aussi grave offrit parfois quelque chose de plaisant. M. le marquis de Chauvelin, ancien député, le même qui s'était fait républicain, parce que

Louis XV avait dit un bon mot sur son père, se promenait sur le quai un grand matin ; il ne s'aperçoit pas qu'un espace de parapet manquait de garde-fou, et tombe dans la rivière ; il est repêché de suite par les bateliers de garde, rappelé à la vie, et conduit chez le commissaire, qui dresse le procès-verbal comme quoi M. Chauvelin a tenté de se détruire, qu'il y a eu entière exécution de sa volonté ; celui-ci se récrie, fulmine, dit que c'est par accident qu'il est tombé dans l'eau. « Non, monsieur, lui répond-on, vous avez voulu vous donner la mort de désespoir de n'avoir pas été réélu député. » Le procès s'instruisit ; mais la famille du prévenu se remua, et il fut mis hors de cause, moyennant une forte somme qu'il donna aux bateliers.

Cette aventure fit pleuvoir des quolibets sur le marquis républicain.

Chaque siècle a ses manies ; celle du commencement du 19ᵉ était la manie des Constitutions ; tout le monde voulait en avoir ; il se passa à cet égard des choses inimaginables. Croirais-tu qu'il y eut une pension de demoiselles qui voulurent forcer l'institutrice à accepter la Constitution que les jeunes personnes avaient elles-même rédigée ? J'avais dans cette maison une fille que j'ai eu le malheur de perdre à l'âge de seize ans. Je crus mourir de rire en voyant la copie de cette Constitution que cette aimable enfant m'apporta ; les principaux articles étaient qu'il y aurait un bal chaque dimanche; qu'outre les visites des pères et mères, on recevrait aussi celles des petits cousins.

ALPHONSE.

Vous avez oublié de me parler de cette mission politique qui fut célèbre de votre temps, sur laquelle on fit un poëme burlesque.

L'OCTOGÉNAIRE.

J'ai vu tant d'évènemens, ils se sont succédés avec tant de rapidité, qu'il n'est pas étonnant que j'oublie quelque chose.

La volonté ferme et continue qu'eut Louis XVIII, dans les dernières années de son règne, de fermer l'abîme des révolutions, anéantit ce que l'on appelait le *libéralisme*. Voyant que tout espoir était perdu en France, les libéraux imaginèrent d'aller prêcher leurs doctrines dans les pays lointains. Ils étaient parvenus à ranger, sous leur funeste influence, les royaumes de Naples et d'Espagne; mais le reste de l'Europe s'y était soustrait par la fermeté des Souverains. La mission politique fut donc formée; elle eut pour apôtres des idéologues, qui, poussés par le fanatisme d'alors, abandonnèrent follement leur patrie, leurs femmes et leurs enfans. Je ne te dirai pas le nom de tous : l'âge a affaibli ma mémoire;

cependant je me rappelle de deux, Jay et Kératry,
parce que leurs aventures furent vraiment plaisantes.
Le premier fut dans le pays des Hottentots, y prit
un interprète, et chercha à inspirer à ce peuple féroce l'amour constitutionnel ; et pour lui plaire, il
poussa la complaisance jusqu'à se faire tatouer le
visage , c'est-à-dire de le peindre et d'y faire des
incisions. Il espéra en être quitte pour avoir la figure
barbouillée quelque temps ; mais il se trompa. Forcé
de quitter les Hottentots , qui persistaient à ne pas
vouloir entendre les Constitutions , il revint en
Europe ; et malgré tous ses efforts , le tatouage
resta ; on éclatait de rire en voyant cette figure zé-
brée. Son collègue Kératry était un homme de
beaucoup d'esprit , d'une éloquence séduisante ,
adroite et trompeuse ; c'était le mielleux du côté
gauche ; il fut chargé d'aller séduire les Algériens ,
qui vivaient sous le gouvernement le plus despotique. Quelle bonne aubaine pour le libéralisme, d'a-
voir pour partisans un peuple aussi courageux ,
aussi riche que ces barbaresques ! Kératry arrive à
Alger ; il passe devant le palais du dey ; il s'arrête à
la vue de cette demeure d'un maître absolu. Il est
tiré de ses réflexions par le jannissaire de garde, qui
lui crie en italien, d'une voix de Stentor : *El capello!*
pour lui faire ôter son chapeau : car tout Européen
est obligé de se découvrir en passant devant le palais. Kératry trouva cela affreux. Oter son chapeau
devant une maison ! c'est par trop despotique ! Bien

loin d'ôter le sien, il l'enfonce sur ses yeux ; le musulman marche à lui, et, d'un revers de sabre, lui enlève le chapeau et le nez. Kératry, justement effrayé d'un tel début, et moins fervent que ces apôtres de notre religion, qui souffrirent les plus grands tourmens pour elle, se hâta de quitter cette terre barbare. Je l'ai vu depuis, à Paris, avec un nez d'argent, ce qui donnait à sa loquacité quelque chose de drôle, et qui ne laissait pas d'exciter des mouvemens d'hilarité.

J'avais oublié de te dire qu'il se fit, en 1821, un grand acte de justice, de morale, de principes : on affecta vingt-cinq millions de rentes pour indemniser les hommes spoliés par la révolution. Le projet d'une si belle chose avait été conçu et présenté en 1814, par le maréchal Macdonald, ce qui avait fait dire à un de nos grands écrivains : « On apprend tout dans les camps français, l'honneur comme la gloire. » Ce projet fut reproduit en 1821, et reçut sa pleine exécution. On fut encore à temps d'empêcher de vieux militaires, des chevaliers de Saint-Louis, de mourir de besoin : car l'inépuisable bonté de nos Princes ne suffisait pas pour alléger la misère de tant de personnes.

Je t'ai déjà dit que Charles X rétablit les finances en faisant des économies administratives ; les grands salariés voulurent l'aider dans ses efforts ; et par un beau mouvement inconnu jusqu'alors, ils offrirent les appointemens d'une année, ce qui produisit une somme immense. Les ministres donnèrent l'exemple. Il est vrai que leurs dépenses étaient bien diminuées ; l'influence des dîners ne se faisait plus sentir ; ils n'étaient plus obligés de traiter les députés, ces messieurs se nourrissant eux-mêmes.

ALPHONSE.

Ma grand'mère m'a souvent parlé d'une espèce de sorcière appelée Mlle Le Normant ; l'avez-vous vue?

L'OCTOGÉNAIRE.

Je ne l'ai jamais vue ; j'ai toujours été étonné que dans un siècle de lumières, cette femme ait pu réussir. Tout le monde allait chez elle : des souverains même la consultèrent. Un jour un inconnu entre dans son appartement, et lui dit d'un ton impératif de lui tirer son horoscope. Les manières, l'air effaré de cet homme déplurent à Mlle Le Normant, qui, pour s'en défaire de suite, lui dit : « Allez faire de suite votre testament, car je vois dans mes cartes que vous devez mourir demain. » L'inconnu devinant l'intention de la femme, se fâche, s'échauffe, et lui jette un encrier à la tête. Celle-ci crie à l'assassin. Toute la maison est en rumeur ; la garde arrive, on arrête mon homme : c'était M. de Saint-Aulaire, beau-père de M. Decazes.

ALPHONSE.

La prédiction s'accomplit-elle ?

L'OCTOGÉNAIRE.

Non, mon ami. M. de Saint-Aulaire fit un voyage à Londres, peu de temps après; il était gourmand; il mourut d'une indigestion de plum-budding. La sibylle fut obligée de descendre du trépied l'année d'après; elle caressait un chat sur les genoux : l'animal, excité par le mouvement répété de la main, sauta à la gorge de sa maîtresse; une domestique voulut l'arracher, et le prit par la queue; mais le chat se cramponna davantage, et fit de si grandes blessures au cou, que Mlle Le Normant fut obligée d'être muette le reste de sa vie.

- L'île Saint-Domingue ou Haïti était la colonie la plus considérable qu'eût la France avant la révolution. Les Espagnols possédaient la partie orientale, mais ils nous la cédèrent, par le traité de 1795; les nègres que l'on y avait amenés d'Afrique pour travailler la terre, se révoltèrent quelques années après, massacrèrent tous les blancs, et se rendirent indépendans. En 1801, le gouvernement français forma une expédition pour aller reprendre Saint-Domingue, dont une partie avait été conservée par le brave général Ferrant; on en donna le commandement au général Leclerc, qui mourut d'épidémie en 1802, après avoir échoué totalement; les nègres restèrent paisibles possesseurs de Saint-Domingue. Christophe, un de leurs chefs, se fit déclarer roi de la partie occidentale, et singea tout-à-fait Buonaparte. Ce souverain noir se poignarda en 1820, lors d'une émeute; après sa mort, l'île fut livrée aux plus grands désordres. Cet ordre de choses dura dix ans; dans cet intervalle, la population diminua des deux tiers, soit par le fer, soit par les maladies. Le gouvernement français se prépara à reprendre Saint-Domingue; dans l'espace de cinq ans, une nouvelle marine avait été créée; on s'attacha à la bonté des vaisseaux et non à la quantité. On mit en mer une escadre composée de quinze navires et de plusieurs bâtimens de transports, commandée par le vice-amiral Meynard et le contre-amiral Massieu. Le maréchal Bordesoult, homme de talent et très-sévère, fut nommé chef de cette expédition : il avait cette fermeté et cette roideur qu'il faut pour commander dans une pareille entreprise. L'escadre partit au commencement de 1831 ; elle fut mouiller à l'île de la Tortue, qui est en face du Port-au-Prince : après avoir bombardé cette ville, elle débarqua 5000 hommes qui, sous le commandement du général de Gannay, s'emparèrent de la place après quelques heures de résistance ; alors toute la flotte entra dans le port, qui est vaste et commode. Les nègres ayant brûlé une partie du pays, s'étaient concentrés sur la ville du Cap, capitale de l'île. Le maréchal n'hésita pas de les attaquer de suite ; les plus gros vaisseaux sortirent du Port-au-Prince, et vinrent se mettre à la vue du Cap, tandis que l'armée de terre se portait sur ce point. Le général en chef trouva moyen de se ménager des intelligences dans la ville, et livra assaut : les soldats français se montrèrent tels qu'ils avaient été partout ; les nègres , désespérés , venaient se jeter sur les baïonnettes comme des aveugles ; il fallut tout le sang-froid de nos troupes pour résister à de pareilles attaques : enfin , après un jour entier de carnage , le Cap fut pris ; un capitaine du 2ᵉ régiment d'infanterie légère abattit la main d'un nègre qui allait mettre le feu au magasin à poudre. Après la prise du Cap , le reste de l'île fut conquis facilement. Le gouvernement retira de grands avantages de cette conquête ; la France avait un surcroît de population effrayant , et pas un débouché ; ses prisons et ses bagnes regorgeaient d'hommes flétris par les lois : on leur offrit de les occuper à Saint-Domingue ; ils acceptèrent : l'oisiveté leur avait fait commettre des crimes , un travail opiniâtre devait les ramener dans la bonne voie ; on forma une commission d'hommes éclairés pour régler les intérêts des anciens propriétaires de l'île : c'était assez difficile ; on vérifia les titres, on fit des partages. Cette opération délicate fut terminée ; mais l'argent manquait aux nouveaux propriétaires. Le Roi en donna un peu : la banque foncière , dont le duc de Bordeaux était le premier actionnaire depuis 1821 , prêta les capitaux nécessaires pour faire valoir les terres les dix premières années ; cette opération , qui parut hasardeuse aux petits esprits, réussit à merveille ; le gouvernement, touché de cette

espèce de dévoûment, accorda son entière pro-
tection à cette institution financière, qui s'était
montrée aussi habile que philantrope.

Le dernier avantage que le Roi tira de la conquête
de Saint-Domingue, fut de pouvoir centraliser la
force de ses colonies; il eut à sa disposition un grand
nombre d'emplois, ce qui servit à contenter beaucoup
de monde. Il établit aussi dans l'île un clergé nom-
breux, qui se signala par ses travaux apostoliques,
dont les efforts et la tolérance touchante ramenèrent
à la vertu des hommes tarés. La morale religieuse
fit de si grand progrès dans ce pays, qu'aujourd'hui
les mœurs sont de beaucoup meilleures à Saint-
Domingue qu'en France. Je viens de te dire que le
gouvernement avait trouvé moyen de placer beaucoup de monde après la conquête de Saint-Domingue; la révolution, en détruisant les fortunes,
avait fait naître le désir des places; tout le monde
en voulait. De riches propriétaires, des rentiers qui
avaient déjà une belle existence, postulaient des
places de commis. Le moyen qui était mis le plus en
usage pour parvenir à ce but, était d'émettre les opi-
nions les plus étranges, afin de passer pour pro-
fond. Un M. Guizot fut assez fou pour vouloir,
en 1820, diviser la nation en deux parties, les
Francs et les Gaulois. Cette opinion aurait pu être
dangereuse, si elle n'avait été aussi absurde. La politique occupait tellement cet homme, qu'il en devint étique; il avait conçu un dégoût pour les ali-

mens , et finit par devenir somnambule. Une nuit il se lève , prend un flambeau , traverse le jardin , et ouvre une petite porte qui donnait en face d'un corps-de-garde. A cette époque on assassinait les soldats au coin des rues ; le factionnaire crie *qui vive ?* Le somnambule, sans répondre , jette son chandelier, qui vient tomber aux pieds du militaire, lequel, se croyant attaqué, tire son coup de fusil, et atteint le malheureux Guizot ; mais , par un de ces coups de hasard qui ne sont pas sans exemple à la guerre, la balle entra par la bouche, cassa toutes les dents , et sortit derrière l'oreille. Ce terrible accident donna une telle secousse aux organes de M. Guizot, que le malade devint ce qu'il n'avait jamais été, raisonnable.

L'Empire du Croissant s'était écroulé , en 1835 , sous les efforts de l'Autriche et de la Russie ; l'Angleterre avait paru vouloir le défendre ; lorsqu'il fut abattu , elle chercha à partager ses dépouilles. La France , par sa position , ne pouvait être du partage ; les triomphes de 1840 la firent rentrer dans ses anciennes possessions du Rhin et de la Belgique ; mais il lui manquait encore quelque grand débouché pour son commerce ; la marine recevait tous les soins du gouvernement, depuis la conquête de Saint-Domingue. On résolut, dans le conseil du Roi, de tenter une expédition en Egypte. Cette vaste contrée était dans le plus grand dépérissement depuis la chute de la Porte. Ce projet, mûri pendant plusieurs années, dut être mis en exécution au commencement de 1844 ; on devait, en outre des soldats, y envoyer des missionnaires pour prêcher le christianisme, source de toute civilisation ; mais au moment que tout se préparait en silence pour effectuer ce grand projet, on sut que les Anglais avaient pris la même détermination. On aurait cru que la guerre allait se déclarer entre les deux puissances ; il en fut décidé autrement. On traita la chose à l'amiable ; les cabinets de Paris et de Saint-James convinrent d'envoyer chacun une armée en Egypte, non pour faire la conquête de ce pays, mais bien pour protéger l'établissement des comptoirs et des colonies. Il fut décidé que l'Angleterre se bornerait à la haute Egypte, et que les Français s'établiraient dans la basse, laissant la moyenne entre. Les deux expéditions partirent à la fois ; les beys s'étaient révoltés contre le pacha, et la guerre ne cessait pas depuis quatre ans.

Les habitans d'Alexandrie virent arriver les Européens avec plaisir, surtout les Français, dont ils avaient conservé un souvenir à la fois terrible et bienveillant. A l'arrivée des Français, les Mameloucks et les troupes du pacha se réunirent ; toute discorde cesse entre les musulmans, quand il s'agit de combattre les chrétiens. Notre armée était forte de 20,000 hommes, sous le commandement des généraux Beurnonville et de Guiche. Il se trouva dans l'expédition deux colonels qui avaient été tambours dans celle de 1798. Le duc de Bordeaux, qui voyait que l'on allait cueillir des lauriers, demanda à partir pour l'Egypte. Mais le Roi et son conseil décidèrent qu'il ne fallait pas exposer à de si grandes chances une tête si chère ; que d'ailleurs le duc avait fait ses preuves. Le jeune Prince en pleura de désespoir. Des nuées de Mameloucks vinrent assaillir l'armée française à son débarquement. Les Pyramides furent une seconde fois témoins de nos exploits. La campagne dura un an ; on poussa les Turcs dans les déserts. Les habitans d'Alexandrie s'accommodant aux mœurs des Français, l'établissement devint facile ; nous eûmes un quartier de la ville. La modération des chefs, la discipline qu'ils faisaient observer, ne contribuèrent pas peu à la réussite de ce grand projet. Aujourd'hui la basse Egypte est une de nos colonies. Depuis dix ans des missionnaires y prêchent notre sainte religion, et font tellement de prosélites, que la foi catholique est parvenue jusque dans la haute Egypte, occupée par les Anglais.

ALPHONSE.

Avez-vous vu Chambord depuis qu'il appartient au duc de Bordeaux ?

L'OCTOGENAIRE.

Oui, mon fils ; ce magnifique château avait été

habité par François Ier et Louis XIV. Louis XV le donna au vainqueur de Fontenoy, qui y termina sa glorieuse carrière. La France l'acheta à la princesse de Wagram en 1821, et en fit don au duc de Bordeaux, alors tout notre espoir. Cette immense propriété ne rapportait, en 1820, que 18,000 francs. Aujourd'hui son revenu est de 100,000. La duchesse de Berry et son fils y passent tous les étés, et ne cessent de répandre des bienfaits sur toutes les campagnes voisines. Les paysans ont appelé Chambord *le Château de la Bienfaisance.*

Rentrons, mon fils, dans le salon; ces dames doivent être de retour.

FIN.